SOCIEDAD
CIVIL O SERVIL

JESÚS BANEGAS

SOCIEDAD CIVIL O SERVIL

Su historia y realidad actual española

Prólogo de
Tom Burns Marañón

Unión Editorial
2024

*Esta edición se realiza con el apoyo
del Foro de la Sociedad Civil,
el Club Liberal Español,
el Centro Diego de Covarrubias,
Iniciativa 2028 de la Sociedad Civil
y Fundación Sociedad Civil*

© 2024 Jesús Banegas
© 2024 Unión Editorial, S.A.
c/ Hilarión Eslava 21 - local • 28015 Madrid
Tel.: 91 350 02 28
Correo: editorial@unioneditorial.net
www.unioneditorial.es

ISBN: 978-84-7209-926-5
Depósito legal: M. 12.661-2024

Compuesto e impreso por El Buey Liberal, S.L.
Impreso en España • *Printed in Spain*

ÍNDICE

PRÓLOGO
A LA SOCIEDAD CIVIL O SERVIL

Jesús Banegas es un exitoso empresario volcado en la tecnología de la información y de la comunicación. Entendió los retos de la cuarta revolución industrial, sobre todo la inevitabilidad de su asentamiento, mucho antes que la mayoría. En España ha sido un audaz precursor en la aplicación de las oportunidades que ofrecen la digitalización y la sociedad interactiva.

Banegas es, a la vez, un reconocido profesional de la inquietud y de la curiosidad intelectual. Es un espíritu libre, apasionado de la libertad, independiente, empírico y escéptico. Hombre de amplia lectura y de profunda cultura, es un liberal. Conoce de sobra a quien merece ser estudiado, justifica la elección de sus maestros y los comparte con esmero y con acierto. Es un valioso conferenciante, un prolífico articulista y autor de numerosos ensayos teóricos.

Por último, cabe destacar la enérgica capacidad organizativa que ha mostrado Banegas a lo largo de su carrera. Sabe que las mejores ideas e iniciativas caen en saco roto si no son fruto de una labor de equipo. La clave del progreso reside en reunir y en animar a quienes piensan de parecida forma, y el agitador solitario está condenado a la frustración. Por ello, Banegas, presidente del Foro de la Sociedad Civil, predica el asociacionismo, lo ejerce y lo lidera.

Este conciso y contundente libro, *Sociedad Civil o servil. Su historia y realidad actual española* es, ante todo, eficaz. Transmite con elocuencia, de manera sensata, elegante y seductora, por qué la sociedad civil ha de celebrar la revolución que se avecina y cómo, desde su «yo» colectivo, ha de aprovechar las nuevas circunstancias. Sus trece cortos capítulos transpiran liberalismo. Son una perfecta exposición del ser y el estar de la *rara avis* que es Banegas.

Esta última entrega de Banegas no puede ser más oportuna. El autor advierte que la sociedad civil está ante un creciente peligro. Desde siempre se han asociado grupos para defender intereses minoritarios y reivindicativos en contra de la libertad individual de los demás. Y lo que sucede es que, a pesar de la Ilustración, han proliferado los nocivos sindicatos de intereses. La exclusivista conducta de estas plataformas las convierte en enemigas de la sociedad abierta.

Los que resguardan privilegios corporativos –el capitalismo de amiguetes– ya fueron denunciados en su día por Adam Smith. Hoy ese campeón que fue del ideario liberal censuraría a los que se atrincheran para salvaguardar las patentes particulares que emergen en nuestra época. Son muchas las piezas que se han colocado en el tablero: el feminismo radical y los promotores de las políticas de género; el tribalismo identitario y nativista; el fundamentalismo ecologista; y un largo etcétera. Sean cuales sean estos movimientos y sus extensivas variantes, todos pelean por el beneficio de unos pocos en perjuicio de la inmensa mayoría.

Como es de esperar, Banegas instruye también en torno al otro frente abierto de peligro que es el del poder estatal. Irónicamente, el formidable avance tecnológico que debiera liberar al individuo puede volverse en su contra. De hecho, el poder se fortalece porque las nuevas herramientas en el campo de la información y de la comunicación facilitan el intervencionismo y el dirigismo tan querido por todo gobierno. Se acaba con el Gran Estado y la Pequeña Sociedad en lugar de al revés.

La aspiración de todo gobierno es convertir la sociedad civil en servil, y si la sociedad civil no lo impide, quienes imponen una reglamentación estatal jugarán con una clara ventaja en la cuarta revolución industrial. Banegas alerta contra la tiranía normativa de los políticos.

Según Banegas, la democracia liberal de los que mandan en España es seguramente la que más castiga la unidad del mercado, el empeño innovador de la empresa y el impulso creativo de la ciudadana.

Aquí ningún joven va a desarrollar un *software* rompedor en el garaje de la casa de sus padres porque el guardia municipal de turno le multará por el uso indebido de un espacio que tiene otra función.

Entre la multitud de fuentes a las que acude para apoyar sus argumentos, Banegas cita con gozo al ingenioso hidalgo de Cervantes: «Sancho, menos leyes y que se cumplan», le dice Quijote a su fiel escudero, que ha sido nombrado gobernador de la Ínsula de Barataria. Es lo que exige en estas páginas Banegas para una Gran Sociedad en una próspera España.

Tom Burns Marañón

Capítulo 1

LA RAZÓN DE SER
DE LA SOCIEDAD CIVIL

Uno de los más acreditados signos distintivos de nuestra cultura y civilización, la occidental, y una de las razones de sus logros y avances económicos y sociales a lo largo de la historia es la existencia de la llamada «sociedad civil», que según Ernst Gellner, en su ensayo *Conditions of Liberty*, «al generar pluralismo ideológico e institucional, previene el establecimiento de monopolios de poder y de verdad y contrabalancea las instituciones centrales de naturaleza política». Podríamos definir la sociedad civil como el conjunto de instituciones no gubernamentales suficientemente fuertes como para contrabalancear al Estado y, sin menoscabar sus funciones de mantenimiento de la paz y arbitraje de los grandes intereses, prevenir su dominio sobre una sociedad atomizada.

John Locke, el primer y gran filósofo político moderno, sostiene en su *Segundo tratado sobre el gobierno civil* que «los hombres poseen derechos que son anteriores a los gobiernos, siendo estos instaurados para proteger aquellos».

Según una cierta leyenda, Luis XV preguntó a un grupo de mercaderes: «¿Cómo puedo ayudaros?». Y ellos respondieron: *«Laisez-nous faire, laissez-nous passer, le monde va de lui-même»*.

«La Revolución Francesa trató de suprimir todas las formaciones y asociaciones intermedias, mientras que el auténtico liberalismo considera todas las convenciones no constrictivas de la relación social como factores esenciales para mantener el funcionamiento ordenado de la sociedad humana», relata Hayek en sus *Estudios sobre el abuso de la razón*.

El ilustrado escocés Adam Ferguson, autor de *Ensayo sobre la historia de la sociedad civil,* fue creador de la expresión: «Es el resultado de la acción humana, pero no del diseño humano», que inspiró el concepto de orden espontáneo. Los idiomas, el derecho, el dinero, los mercados —las instituciones más importantes de la sociedad humana— surgieron espontáneamente.

A mediados del siglo XIX, Herbert Spencer —*El hombre contra el Estado*— formuló su «ley de igual libertad», que cabe expresar así: todo hombre posee derecho a reclamar el mayor grado de libertad para ejercer sus facultades, siempre que esto no impida disfrutar de la misma libertad a todos los demás hombres.

Para David Hume y Edmund Burke: «Las normas de la moral no son conclusiones de nuestra razón, sino producto de la evolución cultural».

Los nacionalismos y estatismos, junto con la Primera Guerra Mundial, aumentaron la esfera de poder de los gobiernos, a costa de disminuir el espacio de la sociedad civil.

CAPÍTULO 2

VALORES MORALES
QUE AMALGAMAN Y VITALIZAN
LA SOCIEDAD CIVIL

Para Aristóteles observar una vida virtuosa es más fácil conforme más comprometidos estamos con ella hasta convertirse en un hábito.

El ilustrado David Hume, en su imperecedero *Tratado sobre la naturaleza humana,* nos descubrió que «son los hábitos, más que la razón, los que en todas las cosas constituyen el principio que impera sobre la humanidad». El carácter auxiliar de la razón será precisamente eso, auxiliar, supeditado a una categoría superior, la del sentimiento, el cual será, en definitiva, el que determine y decida.

Para Hume, las dos emociones morales básicas son el amor a uno mismo y la compasión o simpatía por los otros, y entre las virtudes verdaderas señala: la *clemencia*, la *generosidad*, la *benevolencia*, la *gratitud*, la *veracidad*, la *amistad* y la *ternura*. Nada puede añadir más mérito a una criatura humana que el sentimiento de *benevolencia*… y una parte de su mérito…. procura la felicidad de la sociedad humana.

La meta de toda especulación moral es enseñarnos nuestro deber y, mediante representaciones adecuadas de la fealdad del vicio y de la belleza de la virtud, engendrar en nosotros los hábitos correspondientes que nos lleven a rechazar uno y abrazar la otra.

La *justicia* es útil a la sociedad: su utilidad pública es el único origen de la justicia. Una igualdad perfecta es impracticable, y si se estableciera dividiendo las posesiones en modo igualitario, la aplicación de los hombres rompería de nuevo la igualdad. La justicia es un requisito absolutamente necesario para el bienestar de la humanidad y para la existencia de la sociedad.

Además de virtudes, para Hume los hombres poseen dones morales como la *discreción*, el *cuidado*, el espíritu de *iniciativa*, la *laboriosidad*, la *asiduidad*, la *frugalidad*, la *economía*, el *buen sentido*, la *prudencia*, el *discernimiento*, la *templanza*, la *sobriedad*, la *paciencia*, la *constancia*, la *perseverancia*, la *previsión*, la *consideración*, la *discreción*, el *orden*, el *tacto*, la *cortesía*, la presencia de ánimo, la *rapidez* de concepción, la *facilidad de expresión,* etc.

El gran objetivo de todo quehacer humano es el logro de la felicidad. Para esto se inventó el arte, se cultivaron las ciencias, se decretaron leyes y, sobre todo, debieron observarse las tres leyes fundamentales –antes de que existiera Gobierno– de la vida en sociedad:

1. La *estabilidad de la propiedad*. El derecho de propiedad es el eje de nuestra civilización y la base del progreso económico y social.
2. El *intercambio por consenso*. Las transacciones económicas en ausencia de coacción o fraude conforman los mercados libres que producen la riqueza.
3. El *cumplimiento de las promesas*. Los contratos libremente acordados deben cumplirse siempre, voluntariamente o por ley.

El progreso económico y social de las naciones ha estado y seguirá estando sustentado en dichos principios fundacionales de la sociedad civil, mientras que su desuso o abandono explican el fracaso de muchos países.

El Premio Nobel de Economía de 1986 James M. Buchanan, en su ensayo *Ética y progreso económico,* además defender la ética del trabajo y del ahorro, señala –al referirse a Max Weber– que «una sociedad cuyos miembros comparten las virtudes puritanas, cualquiera que sea el origen y por el motivo que sea, tendrá económicamente más éxito que una sociedad en la que esas virtudes brillen por su ausencia o estén menos ampliamente compartidas».

Francis Fukuyama, en su ensayo *Trust* (2007), sostiene la tesis: «La confianza es la virtud social que mejor explica el éxito de las sociedades más prósperas. La prosperidad de las naciones depende de la confianza intrínseca —sustentada en jerarquías intelectuales y morales— de las sociedades; mientras que su ausencia conlleva la pobreza».

Confiar en gente que no sea de la familia genera «capital social», que resulta crucial, no sólo para la convivencia y el orden moral, sino para generar competitividad y por tanto prosperidad.

Los enemigos de la confianza son el individualismo asocial y disgregador y el estatismo. El surgimiento de tendencias comunitarias no es posible sin la existencia de un nivel elevado de confianza. La sociabilidad espontánea es una gran virtud para forjar el «capital social», según James Coleman, citado por Fukuyama.

Eficacia y comunidad pueden coexistir, porque el hombre no solo actúa por egoísmo, sino buscando también reconocimiento social, que no es posible sin asentarse en valores morales

La confianza es el cemento invisible que amalgama la sociedad civil frente al orden y mando impuesto desde fuera de ella. El incomparable éxito de Amazon se basa en la confianza que inspira como consecuencia de hacer siempre lo que se espera que haga: cumplir diligentemente sus compromisos y no engañar a nadie.

Cuando alguien va a un notario para comprar una casa, la paga con dinero al vendedor o firma con su banco un crédito hipotecario cuyo importe se transmite en el acto al vendedor; tras la firma se marcha de la notaría sin otra cosa que la confianza en el notario, que le entregará después su escritura de propiedad.

La prosperidad de la sociedad civil depende en última instancia de hábitos y comportamientos de naturaleza moral.

Para Fukuyama, *cultura* es «un hábito ético heredado». La sociabilidad espontánea es crítica para la vida económica porque, virtualmente, todas las actividades económicas son llevadas a cabo por grupos más que por individuos.

Las sociedades «altamente confiadas» con plenitud de capital social tienen la habilidad de construir grandes organizaciones privadas de negocios, mientras que las sociedades con baja confianza no pueden sacar todo el partido a las nuevas tecnologías de la información y la comunicación.

La más devastadora consecuencia del comunismo de la URSS y del Este de Europa fue la destrucción de la sociedad civil. Y en Europa Occidental, la creciente confianza de la gente en el Estado y el consecuente abandono de la responsabilidad personal y, por tanto, la confianza personal en uno mismo, tienden a debilitar la sociedad civil frente al poder político.

En EE.UU., la patria original de la sociedad civil, según descubriera Alexis Tocqueville en su *Democracia en América*, está declinando la sociabilidad: gastan mucho, y cada vez más, en abogados y en protección policial, mientras mantienen en prisión al 1% de su población.

El balance entre individualismo y comunidad ha cambiado sustancialmente en EE.UU: en los últimos 70 años, ha descendido el nivel de sociabilidad. El deterioro más noticiable ha sido la ruptura de la familia con el incremento de los divorcios y de familias monoparentales, algo que no ha sucedido porque otras formas de vida asociativa hayan crecido, sino porque ambas han declinado.

Desde mitad del pasado siglo, en EE.UU. los miembros de asociaciones voluntarias han decrecido: sindicatos, organizaciones fraternales, asistencia a actos religiosos, asociaciones de padres. Sin embargo los *lobbies* y grupos de presión han crecido. Los litigios judiciales han aumentado: además del coste de los abogados está el coste social.

Existe un creciente peligro en la sociedad civil: los grupos que se asocian para defender intereses minoritarios y reivindicativos en contra de la libertad individual de los demás y a favor de privilegios corporativos −el capitalismo de amiguetes− o particulares −feminismo radical, ideologías de género, fundamentalismo ecologista…− que benefician a muy pocos en perjuicio de la inmensa mayoría.

Capítulo 3

SOCIEDAD CIVIL *VERSUS* LA EXPANSIÓN DEL ESTADO

Desde muy antiguo conocemos valoraciones sociales acerca de la posesión de riquezas, asunto que los escolásticos españoles –verdaderos fundadores de la ciencia económica– trataron y resolvieron magistralmente. Manejaron para ello dos categorías de justicia económica: conmutativa y distributiva.

La primera se resume en los intercambios del libre mercado: en él, se llevan a cabo por un «precio justo», entendiendo por tal el que está dispuesto a aceptar un vendedor y pagar un comprador en ausencia de coacción o fraude. Nada más justo que esta conmutación, ya que el vendedor cede libremente su bien porque estima que vale menos de lo que cobra por él, y, al mismo tiempo, el comprador asume que el bien recibido vale más que lo que paga por él. Siendo libres las transacciones –conmutación de bienes y/o dinero– la justicia económica siempre está implícita en ellas.

Producida la natural distribución de riqueza que resulta de los libres intercambios, surge otro concepto de justicia, en este caso distributiva, que viene a cuestionar los resultados a posteriori de la justicia conmutativa.

Para Hayek, «la libre elección de la ocupación de cada uno es irreconciliable con la justicia distributiva». La justicia distributiva, que no consiste en otra cosa que «quitar a unos para darlo a otros», plantea muchos problemas de asunción y ejecución, ya que toda redistribución requiere una previa confiscación. Solo el Estado y siempre desde una óptica estrictamente legítima y legal dentro de un marco de Estado de Derecho, puede expropiar a unos para beneficiar a otros. En una sociedad avanzada y mínimamente próspera, es razonable que el Estado vele por las condiciones de vida de quienes no puedan valerse por sí mismos, amén de prestar determinados servicios públicos. La financiación de sus costes toma la forma de impuestos, que típicamente afectan más a quienes más ingresos tienen.

Mientras que la sociedad civil es la sede de la justicia conmutativa, el Estado ha ido adueñándose de la justicia distributiva como excusa moral para su incontrolada expansión.

La expansión del Estado presenta dos frentes: el regulatorio y el económico. Mediante la legislación, cada vez más prolífica, limita el quehacer ciudadano y, sobre todo, la función empresarial, restando espacio a la sociedad civil y, por tanto, a su creatividad, que es la base del progreso de las naciones. En el ámbito económico, mientras que la creación de riqueza es una función exclusiva de la sociedad a través de la función empresarial, el Estado, mediante impuestos crecientes, ha aumentado su dimensión económica hasta extremos cada vez menos soportables: los españoles trabajamos medio año para Hacienda y el gasto público ha crecido más que en cualquier otro país en las últimas décadas.

Es evidente, tanto desde el sentido común como a la luz de la doctrina económica, que el crecimiento de la dimensión económica del Estado resta dinamismo a la economía y, por tanto, restringe el crecimiento económico y del empleo, pero además genera incentivos muy perversos tanto económicos como morales para el porvenir.

En el ámbito puramente económico está ampliamente comprobado que la gestión pública de los recursos es menos eficiente que la privada; por tanto, cuanto mayor es aquella, peores son los resultados que se obtienen. Como consecuencia de ello, y habida cuenta de que la dimensión del Estado es tan grande y adiposa que poco más puede crecer, el desafío de los países con «más Estado» es mejorar su eficiencia –perdiendo grasa y ganando músculo–, responsabilizando a la sociedad civil de muchas de sus actuales funciones.

Sin embargo, después de todo lo dicho, la más grave secuela de la expansión del Estado es de orden moral: crea cada vez más dependencia social y desanima a la gente a buscarse la vida por si misma. Frente a la libertad y responsabilidad individual propias de las sociedades más sanas y maduras, el Estado cultiva la dependencia de cada vez más ciudadanos de sus subvenciones y ayudas paternalistas. Por otra parte, cuando los estados se expanden, las élites extractivas y el capitalismo de amiguetes proliferan y viven a sus anchas. Además, debe añadirse que la siniestra lacra de la corrupción está directamente relacionada con el tamaño del Estado y la irresponsable administración de sus recursos.

La exageración de la dimensión del Estado ha llegado tan lejos que ha desbordado por completo su propio horizonte temporal hasta alcanzar un territorio paranoico: el delirio de grandeza de crecer a costa de los que todavía no pueden votar o ni siquiera han nacido, tal es la deuda acumulada que cosecha y que resulta impagable por las generaciones actuales a las que supuestamente beneficia.

Para Herbert Spencer, «el poder de resistencia de la clase gobernada no solo disminuye en la proporción geométrica en que aumenta la clase gobernante, sino que los intereses privados de muchos individuos aceleran la razón de la progresión»

Aunque nos parezcan países lejanos en el espacio y la cultura política, Grecia, Argentina y Venezuela representan tristes y lamentables ejemplos de expansiones estatales.

En el extremo opuesto residen las naciones más prósperas de la tierra, aquellas en las que las libertades civiles están más vigentes y los estados menos expandidos. Suecia, después de superar no hace mucho una gravísima crisis de expansión de su Estado y haber aprendido la dura lección, mantuvo después su nivel de endeudamiento —ahora moderado— mientras la «alegre» España más que lo duplicaba.

Capítulo 4

PROLIFERACIÓN LEGISLATIVA CONTRA LA SOCIEDAD CIVIL

El sabio *Don Quijote* le dijo a su escudero cuando le nombró gobernador de la ínsula Barataria: «Sancho, leyes pocas y que se cumplan». Más tarde, Cervantes, en sus *Trabajos de Persiles y Seigismunda*, se refiriere a un cierto país de «leyes tan muchas como variables», y no precisamente para halagarlo.

Es un lugar común desde los orígenes de la civilización occidental la frase quijotesca «pocas leyes que se cumplan», como lema del buen gobierno de las naciones. Lo contrario, muchas leyes que no se cumplan, es una deriva incivilizada por mucho que se haya impuesto como una realidad frente a los fundamentos de nuestra civilización.

Es bien sabido que el Derecho Civil romano, ese gran pilar de la civilización occidental, no fue creado por ningún jurista en particular, sino que fue el resultado de la recopilación ordenada de instituciones ampliamente experimentadas y aceptadas por la sociedad a lo largo del tiempo. Se atribuye, por ello, a Catón la siguiente valoración del orden jurídico romano: «No se basa en el genio de un hombre, sino de muchos: no se fundó en una generación, sino en un periodo de varios siglos y muchas épocas».

La ley, en sentido clásico, es algo que se tiene que descubrir –a través de jueces y jurisconsultos– más bien que promulgar. Sus características son generalidad, igualdad, certeza y discrecionalidad, sometidas a una justicia independiente.

Frente a este concepto del Derecho, cobra cada vez más protagonismo la legislación ordinaria, que, en oposición a la concepción secular de la ley, establece lo que debería ser en vez de lo que es, mediante ordenanzas oportunistas y particulares. La legislación, además de pretender imponer la voluntad de otras personas en relación a nuestra conducta de todos los días, está cada vez más en manos de un poder ejecutivo –el legislativo está subordinado a él– que no cesa de producir nuevos ordenamientos, con el añadido de una creciente deficiencia de calidad técnica.

La proliferación legislativa, y la inseguridad jurídica que conlleva, se ha convertido en una amenaza para la libertad individual, e incluso para el quehacer empresarial y, por tanto, para el crecimiento económico.

Para Hayek: «Probablemente, no existe otro factor que haya contribuido más a la prosperidad de

Occidente que la prevalencia de la certeza de la ley.» Podría añadirse que la proliferación legislativa, que suele estar acompañada de la degradación de su cumplimiento, opera justamente en el sentido contrario: crea incertidumbre.

Desde 1970 hasta 2015, según la CEOE, se aprobaron en España 40.930 normas estatales, lo que equivale a una media de más de 900 cada año, a las que hay que añadir entre 300/400 normas de las comunidades autónomas, muchas otras procedentes de los ayuntamientos y las casi 20.000 directivas de la UE. Cada año –es decir: ¡todos los años! – los boletines oficiales del Estado y de las comunidades autónomas publican un millón de nuevas páginas.

En Canadá y el Reino Unido ya se están aplicando mecanismos orientados a reducir su producción legislativa, y en EE.UU. se aprobó en 2017 la eliminación de tres reglas regulatorias por cada una nueva que se quiera introducir.

Aquí, sin embargo, no conformes con ser —seguramente– los primeros productores mundiales de normas contra la unidad de mercado, la función empresarial y la vida ciudadana, los políticos, incentivados por los medios de comunicación que los acusan de gandules cuando no legislan, siguen poniendo todo tipo de obstáculos a la libertad humana y a la vida empresarial.

En los ránkings del Banco Mundial «Doing business», y en «The Human Freedom Index», de Cato y Fraser Institutes, España ocupa malas y cada vez peores posiciones. Obviamente, los países que nos aventajan son más libres, dinámicos y ricos que nosotros; amén de mayores receptores de inversiones extranjeras que son cada más sensibles a dichas clasificaciones.

En todo caso, no deja de ser sorprendente que la tiranía normativa de nuestros políticos encuentre votantes que la amparan; quizás porque no pueden vivir sin que estos les ordenen la vida. El problema es que no sólo ordenan la de ellos, sino las de todos los demás, que quizás prefieren asumir sus propias responsabilidades, es decir, su libertad, sin vender su alma al «diablo».

Capítulo 5

EL PRINCIPIO DE SUBSIDIARIEDAD: BALUARTE DE LA SOCIEDAD CIVIL

«Los americanos de toda edad, condición y tendencia se asocian continuamente. No solo poseen asociaciones comerciales e industriales, de las que todos forman parte, sino que tienen también otras muchas de otro tipo: religiosas, morales, grandes y fútiles, generales y específicas, muy amplias y restringidas. Los americanos se asocian para celebrar fiestas, fundar seminarios, construir albergues, erigir iglesias, difundir libros, enviar misioneros a los antípodas; crean hospitales, cárceles, escuelas. Por doquier, donde a la cabeza de una institución veréis en Francia al Gobierno, tened la seguridad de que en Estados Unidos veréis una asociación». Así describe Alexis de Tocqueville en su *Democracia en América* su descubrimiento de la sociedad civil norteamericana.

El principio de subsidiariedad, auténtico baluarte para la defensa de la sociedad civil, tuvo una formulación –devenida clásica– en la encíclica *Cuadragésimo anno* de Pío XI (1931), en la que se sostiene que: «Así como no es lícito quitar a los individuos lo que estos pueden realizar con las fuerzas y el ingenio propio para confiarlo a la comunidad, así también es injusto remitir a una sociedad mayor y más alta lo que pueden hacer las comunidades menores e inferiores».

El principio de subsidiariedad puede formularse así: que el Estado haga lo que los ciudadanos no pueden hacer. Para John Stuart Mill, en *On liberty:* «Los males comienzan cuando, en lugar de apelar a las energías y las iniciativas de los individuos y asociaciones, el Gobierno los sustituye».

«Una de las grandes debilidades de nuestra época», sostenía Hayek, «es la falta de fe y paciencia para crear organizaciones voluntarias para alcanzar los objetivos que se consideran importantes».

Si los fundamentos de la democracia liberal establecían un gobierno limitado preservador de la libertad ciudadana y garante de la ley, desde sus orígenes hasta hoy el Estado no sólo ha aumentado sin cesar su dimensión económica y regulatoria, sino también su presencia directa en ámbitos típicos de una sociedad civil cada vez más invadida por organismos públicos completamente alejados del principio de subsidiariedad antes formulado.

El número de empresas públicas que invaden el espacio propio de la sociedad civil no ha hecho sino crecer, innecesaria y perjudicialmente, hasta extremos desmesurados. Según investigó Juan Miguel de la Cuétara para su ensayo *Límites del Estado* (2019), se contabilizaban hasta 2014 por el Ministerio de Hacienda 18.921 organismos públicos. ¿Cuántos de ellos responden al principio de subsidiariedad? Seguramente muy pocos, o quizá ninguno.

Cuando el Estado compite con la sociedad civil y la expulsa de espacios que legítimamente le corresponden, perjudica a la sociedad toda para beneficio de unos cuantos políticos o amigos de ellos, pues su eficiencia siempre es menor que la privada. En Suecia, la patria de la intromisión democrática del Estado en la esfera privada, después del fracaso cosechado por tales excesos han rectificado con resultados ejemplares. Tras décadas de monopolio del Estado en sanidad y educación, la severa crisis que sufrió Suecia en los años noventa del pasado siglo –del 4.º país más rico del mundo pasó a ser el 14.º– conllevó reformas en ambos servicios públicos: se abrieron a la competencia con la empresa privada. La libre elección de los ciudadanos se inclina cada vez más por la oferta privada, con lo que todos ganan: la libertad ciudadana de elección, la eficiencia económica y el gasto y el déficit públicos.

La existencia y aún más la proliferación de organismos públicos presenta, al menos, los siguientes problemas:

— Más gasto público convertido en déficit fiscal y mayor deuda pública.

— Duplicación innecesaria de funciones entre administraciones públicas y con la sociedad civil.
— Competencia desleal con la sociedad civil, que ha demostrado con creces mayor eficiencia en la gestión económica que el Estado.
— Conversión de la noble función de la política en una aberrante maquinaria de colocación de allegados políticos que raramente superarían una selección profesional seria.
— Oportunidades de prácticas económicas corruptas al operar al margen de las reglas de control que rigen en las administraciones públicas.
— Desbordamiento y subversión de los límites del orden civilizador del Estado Liberal de Derecho al servicio de intereses particulares articulados por partidos políticos financiados involuntariamente y a su pesar por todos los ciudadanos.

Sería muy interesante investigar la contribución material al delictivo proceso secesionista catalán de 2017 de muchos de sus organismos públicos actuando libres de las exigencias de control de las administraciones públicas, como muchos otros en el resto de España.

Como es impensable que los partidos políticos estén interesados en mostrar con transparencia y rigor la razón de ser y utilidad de los casi 20.000 organismos públicos que manejan a su antojo, una sociedad civil más vitalista y responsable debería organizarse para investigar para qué sirven y exigir en su caso —que serán muchísimos— su desaparición. De este modo, la sociedad civil podría respirar más y mejor y el déficit público disminuiría, que falta nos hace.

Capítulo 6

RESPONSABILIDADES PRIVADAS Y PÚBLICAS: UNA ASIMETRÍA INMORAL

Desde cualquier óptica ética, tanto en la educación de los niños como en el ejercicio de cualquier tipo de responsabilidad personal, «predicar con el ejemplo» siempre ha sido una obligada referencia moral que, sin embargo, no opera en la política.

Además de la consabida corrupción, el más popular contraejemplo de las conductas ejemplares que cabría exigir a los políticos en el día a día del ejercicio del poder, sobresalen todo tipo de comportamientos políticos alejados de lo que cabría considerar como conducta íntegra, que definiríamos como aquella en la que lo que se piensa, lo que se dice y lo que se hace coinciden.

La ejemplaridad como consecuencia de practicar la integridad moral debería ser una condición necesaria para gobernar, y su ausencia una condición suficiente para dimitir de una responsabilidad política.

«El Estado y sus agentes deberían ser juzgados usando los mismos estándares que se aplican a los juicios de las conductas privadas», sostiene el filósofo Michael Huemer en *The Problem of Political Authority*... y, ¿quién puede estar en desacuerdo con él?

Para el autor, la «autoridad política es una propiedad moral en virtud de la cual el Gobierno puede obligar –coactivamente– en ámbitos no permitidos a cualquier otra persona y los ciudadanos deben obedecer en casos a los que no estarían obligados con otras personas». La «legitimidad política» –derecho a legislar– corresponde al Gobierno, mientras que la «obligación política» –de obediencia– afecta al ciudadano.

En un Estado de Derecho ninguna autoridad política debería imponer obligaciones que no esté obligada a cumplir también. Sin embargo, a nivel normativo los políticos y las administraciones públicas en general se cuidan mucho de aplicarse las reglas con las que obligan a la sociedad.

En los últimos años estamos asistiendo a una verdadera avalancha legislativa de crecientes obligaciones legales a los administradores de las empresas que plantea dos problemas muy criticables: el primero, porque nos coloca como país en una ridícula posición de liderazgo en obstáculos –en vez de en facilidades– para el desempeño de la función empresarial; y el segundo, aún más grave, porque las responsabilidades patrimoniales y penales de los administradores privados no son de aplicación a los públicos, es decir, a los funcionarios ni a los cargos políticos.

«¿Por qué no empieza el regulador dando ejemplo, en vez de lanzar sermones a las empresas?», escribía el gran experto en la materia Rafael Matéu de Ros –*EXPANSIÓN*, 10/4/2015– con motivo de las recomendaciones de entonces de la CNMV a las empresas cotizadas.

La asimetría entre las responsabilidades de los ciudadanos y las administraciones públicas, siendo muy grande, no hace sino crecer, lo que cuestiona la legitimidad del poder político.

El principio, «la ley es igual para todos, incluso para quien la promulga», acuñado pioneramente en España hace más de cinco siglos y ahora de moda como consecuencia de los escándalos políticos que han venido aconteciendo recientemente, debiera extenderse en el sentido de la frase anterior de Huemer; de lo contrario estaríamos –en realidad estamos– ante una burla de la Filosofía del Derecho.

El enorme déficit público acumulado en España en los últimos años como consecuencia de numerosas actuaciones de gasto de los gobernantes. sin que por ello hayan sido enjuiciados o puestos en cuestión, hace necesario abrir una reflexión profunda que conduzca a la reforma del régimen de responsabilidad ante terceros de los administradores públicos, para equipararlo con el de los administradores privados.

Si los consejeros de las empresas tienen responsabilidades patrimoniales y penales en la quiebra de las mismas, ¿cómo es que los responsables políticos de haber llevado España a ser una «democracia fallida» –según el riguroso análisis de Manuel Conthe en *EL MUNDO,* 6-8-2015– no tienen responsabilidad alguna sobre tamaño desmán?

Es incomprensible que a las empresas se les exija un código de buen gobierno que impone, por ejemplo, la presencia en los consejos de administración de un mínimo de un tercio de miembros independientes y, en cambio, las instituciones públicas –incluidos los órganos reguladores de los mercados– estén regidas por «la cuota partitocrática», que excluye necesariamente a los consejeros independientes.

En España no existe ninguna vía para demandar a un funcionario público, salvo la penal. Es más fácil actuar contra un consejero de una empresa privada que contra un funcionario público, lo que exige la reforma del régimen de responsabilidades de los políticos ante terceros para poder usar la vía administrativa.

Existe una generalizada percepción en la sociedad de que hay una gran irresponsabilidad política en el manejo del dinero público y, sin embargo, ningún administrador público se responsabiliza nunca de nada. Mientras la responsabilidad condenatoria se aplica con frecuencia a médicos, arquitectos o ingenieros por errores o problemas derivados de su ejercicio profesional, apenas se aplica a jueces y políticos.

Hay un claro desequilibrio entre lo que se exige a las compañías privadas y a la Administración Pública. La opacidad con la que actúan los poderes públicos contrasta con las exigencias de transparencia a las que están sometidas las empresas privadas. ¿Por qué las empresas están obligadas a presentar cuentas anuales de público conocimiento y las instituciones públicas no? ¿Para qué sirve el Tribunal de Cuentas?

¿Por qué el actual gobierno incumple sistemáticamente sus obligaciones de transparencia de sus actuaciones sin que tenga consecuencias administrativas ni penales por ello?

Las empresas privadas y, en especial, las sociedades cotizadas en Bolsa, están sometidas a cada vez más normas para garantizar su buen gobierno. Las decisiones de sus administradores están sometidas a estrictos criterios de transparencia y de responsabilidad civil y penal. Sin embargo, eso mismo no ocurre con nuestros políticos, ni con las personas que ocupan cargos en las instituciones públicas. ¿Por qué no son aplicables los criterios del buen gobierno corporativo a las administraciones públicas? ¿No debiera modificarse el régimen de responsabilidad de autoridades y funcionarios para que pudieran estar sujetos a responsabilidad directa, igual que ocurre con los gestores de las empresas privadas?

La asimetría entre las responsabilidades de la «sociedad civil» y la «política» se extiende también a cuestiones tales como:

— Las administraciones públicas retrasan sistemáticamente sus pagos a los proveedores, sin que medie responsabilidad alguna de los políticos que los ocasionan.
— Los plazos administrativos son ejecutivos contra los ciudadanos, pero no para las administraciones públicas, incluida Hacienda.
— En las resoluciones administrativas, su motivación es un requisito incuestionable para la doctrina jurisprudencial, y sin embargo raramente se cumple.
— Cuando –frecuentemente– Hacienda pierde un pleito, los funcionarios que cobraron un bonus por hacer algo contrario a la leyes, no resultan ni sancionados ni tienen que devolverlo.
— Las administraciones públicas pueden embargar las cuentas bancarias de los ciudadanos, incluso injustificadamente, sin que los responsables sean penalizados por ello.
— En procedimientos penales se están produciendo continuamente filtraciones a los medios de comunicación sin que nunca haya habido investigación de culpabilidad con consecuencias.

¿Como es posible que la mentira, las pillerías fiscales, los fraudes universitarios, los abusos de poder, los usos privados de recursos públicos, etc., de los políticos proliferen con total impunidad cada vez más —muy particularmente en la actualidad— sin que la sociedad civil responda como debe frente a tamañas tropelías?

Va siendo hora de que la sociedad civil exija ejemplaridad a los responsables políticos para que el ejercicio de su «legal» poder democrático esté «legitimado» por una recta conducta moral.

Capítulo 7

CONTRA LA POLITIZACIÓN
DE LAS INSTITUCIONES

Prácticamente todas las instituciones públicas españolas que debieran estar gestionadas profesionalmente y ser, por tanto, independientes del Gobierno de turno, están copadas por políticos que en algunos casos excepcionales también son profesionalmente competentes aunque no independientes. Así, cada cambio de signo político en el gobierno se convierte en la evacuación de miles de puestos en las administraciones que dan vida a un fenómeno típicamente español: la cesantía.

La literatura española del siglo XIX está llena de estos personajes, los cesantes, que caídos en la miseria por los avatares de su partido, esperan ansiosamente su retorno al poder y al sueldo correspondiente.

En otros países también se dan estas situaciones, pero en ningún caso se llega a los extremos que aquí: lo más valioso de ganar las elecciones no es formar el Gobierno, sino tener la posibilidad de nombrar a infinidad de amigos –en muchos casos sin otra cualidad que la cercanía al político que los nombra– para puestos bien remunerados y muy representativos, en sucesivos episodios de nepotismo y simple amiguismo, que constituyen parte –al parecer tristemente indisociable– de la cultura política nacional.

Según el ránking de países afectados por este mal que elabora la OCDE, España es el segundo país empezando por la cola (que ocupa Turquía) y por debajo de Chile. España, Turquía y Chile son los únicos países desarrollados en los que cuando cambia el gobierno más del 95% de los altos cargos y los medios del Gobierno resultan sustituidos por políticos del partido ganador. En Canadá, Holanda, Japón y Noruega sucede exactamente lo contrario: cuando cambia el Gobierno, sólo cambian por políticos menos del 5%.

Esta vergonzosa situación –llevada al paroxismo por el actual gobierno– se ve agravada por el hecho histórico de que España cuenta con funcionarios públicos reclutados mediante incuestionables oposiciones que han demostrado siempre –con muy raras excepciones– competencia profesional e independencia política, atributos de los que suelen carecer los políticos de turno que los sustituyen. De hecho, la política se ha convertido creciente y tristemente –aunque por fortuna, no siempre– en el refugio de personas que no han sido capaces de buscarse una vida mejor en el ámbito privado. Para los funcionarios de carrera, la llegada de estos «funcionarios sobrevenidos» es un agravio solo compensado cuando estos son cesados, si bien también sucede que en ocasiones los «funcionarios exprés» son transformados en permanentes a través de concursos *ad hoc*, lo que añade aún más agravio a unos colectivos necesitados de respeto y motivación.

El grave problema de la politización de las administraciones públicas se ve agudizado por su extraordinaria expansión a través de las comunidades autónomas –en las que la politización es aún peor que en el Gobierno del Estado–, y sobre todo por el sinfín de instituciones de todo tipo, desde empresas públicas a fundaciones y organismos de cualquier y a veces extravagante naturaleza, convertidos todos ellos en plataformas de colocación de los allegados a la política.

Un reciente y bien conocido ejemplo de las desgracias derivadas de la invasión política de las instituciones fue el caso de las cajas de ahorros. Tras siglos de existencia desde su fundación, y antes de ser acaparadas por la política, de las sesenta cajas fundadas solo diez perecieron, lo que demuestra una insólita y admirable capacidad de supervivencia, muy superior a la de los bancos privados. El milagroso éxito de las cajas, una de las más brillantes expresiones de la sociedad civil española que, sin una formulación clara de los derechos de propiedad, tuvieron una ejemplar trayectoria, acabó en menos de un cuarto de siglo; el tiempo que media entre la Ley 31/1985 que las dejó en manos de los partidos políticos y sus allegados —sindicatos, patronales, etc.— y su práctica desaparición como tales, saldándose con una enorme deuda que tardaremos mucho en pagar entre todos.

El caso de Caja Madrid y sus *black cards* fue un perfecto y calamitoso ejemplo de las desgracias que se ciernen sobre las instituciones cuando son apropiadas por los políticos y sus amigos. Al cabo de su crisis, se supo que su consejo tenía ¡más de ochenta miembros! ¿Habrá habido en EE.UU., la patria de las grandes empresas, alguna que haya alcanzado semejante número? ¿Cuántos de ellos tenían cualificación y experiencia para el cargo? ¿Qué principios éticos y morales gobernaban la existencia de las *black cards?* ¿Con qué rigor profesional se hacían las auditorías internas y externas?

De llevarse a cabo en España la sana práctica del Presupuesto Base Cero, podrían desaparecer una enormidad de organismos públicos, y con ellos sus presupuestos económicos y los allegados políticos que se benefician de ellos. Seria una buena manera de comenzar el necesario adelgazamiento y despolitización de un Estado cada vez más insostenible financieramente, de suerte que las instituciones públicas que resultaran imprescindibles quedaran a salvo de la política de turno, para así mejorar nuestra calidad institucional y, por tanto, el funcionamiento de nuestro país.

Y en todo caso, debería delimitarse con precisión qué puestos de las administraciones públicas requieren personal «de confianza» y cuáles deberían ser ocupados por funcionarios de carrera. Es precisamente la indefinición en esta frontera lo que permite ejercer a los partidos políticos una de sus funciones predilectas: favorecer a los amigos, que está en el epicentro de uno de los males mayores de la sociedad española; es decir, el amiguismo.

Si los partidos políticos perdiesen la facultad de ser agencias de colocación de amigos y parientes, y si para ejercer cargos públicos se requiriese una capacitación técnica específica, la política española cambiaría por completo para bien de la nación.

Una sociedad civil viva y bien vertebrada podría ayudar mucho a los gobiernos a elegir a los mejores para cubrir los puestos de máxima responsabilidad en las instituciones públicas mediante la instauración de comités de expertos de muy reconocida competencia, prestigio profesional y edad avanzada que podrían seleccionar y proponer buenos candidatos para cada ocasión.

Capítulo 8

INSTITUCIONES NO ELECTIVAS

España lidera junto a Turquía –dentro del amplio conjunto de países de la OCDE, ya citados antes– la más extrema «colocación de políticos» al frente de las administraciones públicas: un asombroso 95% con cada cambio de gobierno, frente al 5% de países como Canadá, Holanda, Japón y Noruega.

Teniendo en cuenta, que según ha investigado Juan Miguel de la Cuétara –para su libro *Límites del Estado*–, existen en España cerca de 20.000 organismos públicos dedicados mayormente a «apesebrar a la población en presencia de una declinante sociedad civil», el problema se engrandece de manera extraordinaria. Cada vez hay más administraciones públicas gobernadas por administradores –elegidos por el dedo político– que muy excepcionalmente superarían una prueba profesional de idoneidad para el cargo.

Mientras que en los países líderes asiáticos –desde Singapur hasta China– se ha impuesto la moda de reclutar para la gestión de las instituciones públicas a los mejores, en España sucede todo lo contrario: es abrumador el número de cargos públicos que provienen de la política, a la que no llegan precisamente los mejores dotados profesionalmente, sino más bien los que no han probado nunca su capacitación en la vida privada. Así que tenemos unas instituciones públicas hipertrofiadas, gobernadas por una muchedumbre de personas llegadas a sus cargos en función de sus lealtades políticas y no de sus capacidades profesionales.

¿Qué razones justifican que la sociedad española no se avergüence de los hechos descritos y comience a cuestionar tan aberrantes prácticas? Además de poner freno, después de eliminar una gran parte de organismos perfectamente inútiles –cuando no perjudiciales–, a la proliferación de los mismos, es la hora de cuestionar la inundación «político-democrática» de las instituciones del Estado.

Por diversas circunstancias históricas, la escasa experiencia democrática española, solo recientemente asentada, ha sido asumida por muchos ciudadanos como una especie de panacea universal que casi todo puede resolver, amén de mecanismo de validación –con razón o sin ella– de cualquier aspiración social que pueda imaginarse.

Esta concepción taumatúrgica de la democracia conlleva que en los procesos electorales los candidatos traten de agradar a sus posibles votantes con ofertas muchas veces sin sentido o incluso disparatadas, de suerte que la mayor parte de las veces no reparan ni en su verdadera utilidad, y casi nunca en su factibilidad financiera.

Ciertos políticos llegan aún más lejos al querer incorporar a la Constitución nuevos derechos sociales que implican elevados –y muchas veces imposibles de financiar– costes económicos como verdaderas «cartas a los Reyes Magos». Tales derechos, a diferencia de los universales, posibilitan que unos grupos tengan derechos que se les niegan a otros grupos.

En una economía globalizada e integrados como estamos en la UE y el sistema monetario del euro, las cartas a los Reyes Magos se terminan enfrentando muy pronto a la realidad de los hechos económicos, con las consabidas consecuencias: véase las consabidas consecuencias: venfrentando muy pronto a la realidad de los hechos econñomicoséase, si no, la dura y muy larga crisis económica padecida en España con los gobiernos socialistas del siglo XXI, que nos han venido alejando de Europa, camino del estado fallido argentino.

En países democráticamente más maduros y menos aficionados a «escribir cartas a los Reyes Magos», el sistema democrático permite conducir la economía por la senda del crecimiento sin descarrilar por la vía de los excesos y los desequilibrios macroeconómicos, para beneficio de la sociedad toda. De este modo, la riqueza y los beneficios sociales derivados de ella –no antepuestos– evolucionan progresivamente sin caer en recesiones ni vueltas atrás, como en la España contemporánea.

Un exceso de voluntaristas y muy democráticas políticas sociales terminó por conseguir lo contrario que pretendía: detener el progreso económico y social de los españoles y, en especial, de los menos favorecidos.

Para Manuel Conthe –*EXPANSIÓN*, 29/12/2015–, «una sociedad incapaz de eliminar, tras un plazo razonable, un déficit presupuestario estructural y de casar el nivel estructural de gastos con el de ingresos, es una democracia fallida que, incapaz de conciliar los deseos de los beneficiarios del gasto público con los de los contribuyentes, se asemeja a un drogodependiente que precisa con urgencia nuevas dosis de deuda. No confundamos un legítimo keynesiano anticíclico con la *deudodependencia*».

Visto que en nuestra democracia los políticos no son capaces de afrontar la realidad ni de hablar claro a los electores, ni estos reparan mayormente en la seriedad y solvencia de las propuestas y decisiones de aquellos, Manuel Conthe sostiene –desde hace tiempo– la necesidad de que «existan instituciones y cargos públicos no electivos que tengan encomendadas funciones parecidas a las que Miguel Sebastián atribuye a sus agencias».

Efectivamente, Miguel Sebastián, en su libro *La falsa bonanza*, planteó la necesidad de mejorar la calidad institucional mediante agencias independientes de dimensión nacional –adscritas al Parlamento– que eviten los excesos de nuestra democracia:

— Agencia de Evaluación de Políticas Públicas, para realizar auditorías de calidad de políticas y de servicios públicos e informes vinculantes sobre proyectos de inversión en infraestructuras.
— Autoridad Fiscal Independiente, para garantizar el cumplimiento de los programas de estabilidad a nivel nacional y autonómico y evaluar las reformas fiscales con dictámenes vinculantes.
— Agencia Estatal de Innovación, que integre los dispersos organismos y recursos públicos destinados a la I+D+i.
— Unidad de Vigilancia de la Estabilidad Macroeconómica, que prevea los desequilibrios tan pronto se produzcan.

Ni que decir tiene que los miembros de tales agencias deberían ser seleccionados con criterios estrictamente profesionales y estar adecuadamente remunerados, además de tener garantizada la independencia en el ejercicio de sus funciones.

Frente a estas razonables propuestas, el actual gobierno ha multiplicado como nunca los cargos de confianza sin control alguno con militantes y amigos del gobierno, mayormente carentes de competencias ni experiencias profesionales en tareas previas de gestión. Los último datos al respecto son espeluznantes: 1.600 «enchufados».

Lo mejor que podría sucederle a un país es estar gobernado por sus mejores élites, y aquí y ahora nos ocurre lo contrario; mientras tanto, abundan cada vez más quienes incapaces de buscarse dignamente la vida profesionalmente, terminan acudiendo a la política como escapatoria a su carencia de oficio.

Si el acceso a responsabilidades públicas, pasara necesariamente por unas serias oposiciones como las que felizmente siguen existiendo en casi todos los cuerpos de la administración del Estado y para elegir todos los órganos —consejos, comités, centros…— de gestión desde los departamentos de todos los ministerios, a organismos públicos de cualquier naturaleza, se utilizaran procedimientos de selección serios y transparentes, la calidad de nuestra democracia mejoraría muy considerablemente.

No es casual, sino consecuencia de su cultura meritocrática, que los países más exitosos de Asia y del mundo cultiven la selección de los mejores para los cargos públicos. Aquí hacemos justamente lo contrario, lo que conlleva a nuestra —ya estructural— decadencia económica.

Capítulo 9

MECENAZGO Y FILANTROPÍA FRENTE A SUBVENCIONES PÚBLICAS

Los gobiernos democráticos –principalmente europeos– no solo invaden con sus abusivas regulaciones el desarrollo de la función empresarial, sino que también alteran sustancial y negativamente su desarrollo a través de mecanismos subvencionadores que discriminan a los ciudadanos, organismos y empresas al gusto de la ideología gobernante.

El mundo globalizado es un escenario de confrontaciones en materia competitiva. Nadie puede negar el efecto perturbador que supone para una economía que ha alcanzado un determinado nivel salarial la llegada masiva de productos manufacturados en base a salarios mucho más bajos. Tampoco cabe ignorar los efectos de la prestación de servicios desde países con estos bajos niveles salariales, o por inmigrantes dispuestos a hacerlo por mucha menos remuneración.

Muchas de estas situaciones se intentan paliar mediante subvenciones.

Por otra parte, los Estados tratan de mejorar la competitividad a largo plazo de sus empresas con políticas activas dirigidas a incentivar determinadas actividades, como la I+D+i y las exportaciones cuyo desarrollo en libre competencia internacional entraña serias dificultades. Y esto da origen a otras subvenciones.

Y luego están aquellas que se dirigen a sectores con gran capacidad de movilización social o influencia política para vivir del Estado.

Temporalmente se puede aceptar que existan las subvenciones para permitir ajustes sectoriales a la competencia, para iniciar actividades de futuro, o para proteger bienes de interés general.

Sin embargo cuando las situaciones de defectos competitivos se eternizan e institucionalizan, y cuando las ayudas se convierten en elementos destinados no al bien común del país, sino más bien al clientelismo político y la atención de los colectivos con mayor capacidad de provocar disturbios, entonces hay que replantear necesariamente toda la cuestión.

En España, las subvenciones públicas abundan –una enfermedad– por doquier en el Estado, autonomías y hasta ayuntamientos, y han venido poniendo de acuerdo a todos los partidos políticos no sólo en cuanto a su existencia, sino en su proliferación y crecimiento presupuestario, amén de en los oscuros e inconfesables criterios con los que se aplican. En lo único que discrepan es en la clientela de allegados a quienes benefician.

En 2022, según la Unió Europa, las subvenciones públicas, que habían aumentado por el COVID, se redujeron un 35%, mientras que en España aumentaron un 20%.

Con el recurrente déficit fiscal y endeudamiento público que nos afligen y que pesará –ya lo está haciendo– como una injustísima losa sobre la prosperidad de las nuevas generaciones, es realmente obsceno que ningún partido político plantee un recorte severo –si no la drástica eliminación– de la mayoría de subvenciones existentes.

La revisión de las subvenciones debería afectar a todas, incluidas las únicas que pueden tener cierta razón de ser, como es el caso de las aplicadas a la innovación y la exportación.

La reconsideración de las subvenciones podría partir con una clasificación inicial: las eliminables, las sustituibles y las remanentes. Las primeras deberían tipificarse a su vez en cuatro categorías en función de la urgencia de su eliminación: inmediata, a corto, a medio y a largo plazo. Las sustituibles serían aquellas que, una vez eliminadas, podrían resultar compensadas –al gusto de la sociedad civil, en vez de los políticos– con mecenazgo privado debidamente bien tratado fiscalmente. Las remanentes –apenas las citadas a la innovación y a la exportación– deberían aplicarse con criterios objetivos, simples, transparentes y alejados por completo de la discrecionalidad –de cualquier tipo– de políticos y funcionarios.

Las subvenciones incluyen también la discriminada aplicación de los impuestos indirectos, un hecho tan disparatado como poco tratado por los políticos o los medios de comunicación. En España, desgraciadamente para nuestra competitividad, los impuestos perjudican –relativamente– la competitividad de la economía como en casi ningún otro país de la OCDE: los directos sobre la renta, el ahorro y la actividad empresarial –muy especialmente la creación de puestos de trabajo– son de los más altos, mientras que los indirectos –el IVA– los más bajos. No es de extrañar el elevado desempleo que padecemos, tan facilitado como está por nuestra absurda fiscalidad.

Los países más ricos, competitivos y con menos desempleo –los escandinavos, en particular– tienen una estructura fiscal opuesta a la española; en ellos predominan los impuestos indirectos, mientras que los directos –sobre todo a las empresas y el ahorro– son menos abusivos que aquí. Curiosamente, si se comparan los tipos impositivos, y en particular el IVA, no son tan diferentes; lo que nos distingue es su aplicación. Mientras que en España abundan los sectores subvencionados –por los políticos con sus clientelas– que pagan IVAs reducidos, en los países de referencia escasean o no existen. Aquí nos hemos acostumbrado, merced a la «acción colectiva» que descubriera genialmente Mancur Olson como un «pecado» de las democracias, a perdonar —con el dinero de todos— la fiscalidad de unos pocos, eso sí, amigos del gobierno de turno.

En su libro *The Logic of Collective Action*, descubrió cómo en las sociedades democráticas pequeños grupos que persiguen intereses específicos van aumentando en número y poder en beneficio propio y en contra del interés general. La clave explicativa de su éxito consiste en que los *lobbies* se benefician mucho de sus logros —por ejemplo, protección de sus mercados, subvenciones, IVA reducido, etc.—, mientras que los intereses generales, al ser más difusos, generan menos incentivos para defenderse de aquellos.

Consideración especial merece el mecenazgo privado que acabaría por completo con victimismos como el famoso del «cine español». Si en vez de recibir subvenciones públicas, el cine formara parte de una lista de actividades susceptibles de recibir recursos procedentes del mecenazgo privado fiscalmente incentivado, no habría discusión posible sobre el resultado: la sociedad civil, no el gobierno de turno, decidiría a qué aplicar —como la cruz de la Iglesia Católica en el IRPF— sus filantrópicas aportaciones.

Como un caso especial habría que considerar las becas en el sistema educativo: ¿porqué no se cambian y se aumentan —casi sin límite— a través del mecenazgo privado y generosos préstamos al honor de los estudiantes? De este modo, podrían financiar sus estudios sin apelar a la caridad pública, financiándose con ayudas privadas y créditos a devolver, sin otras garantías que el honor personal, al cabo de un largo tiempo después de acabar las carreras.

Por todo lo dicho, y puesto que las subvenciones,

— esencialmente están injustificadas; moral y económicamente;
— benefician a unos pocos a costa de muchos;
— se aplican clientelarmente con criterios partidarios;
— mayormente se gestionan sin transparencia;
— generan corrupción;
— son muy costosas;
— se financian con deudas a pagar por las nuevas generaciones;
— están orientadas típicamente a proteger lo obsoleto frente a lo nuevo; y, por tanto, a frenar el progreso económico y social,

debería ser una bandera de la sociedad civil española ponerlas en duda metódica aplicando en la esfera pública aquello que normalmente practica la gente a nivel privado: no gastar más de lo que ingresa y, por tanto, ahorrar.

Merece la pena detenerse en las subvenciones a la innovación tecnológica, de las pocas que merecen ser consideradas debido a las muchas y muy positivas economías externas que pueden generar. La asignación de recursos públicos a esta finalidad suele llevarse a cabo por dos vías: por programas de I+D predeterminados por el gobierno, o vía deducción fiscal por las inversiones y gastos incurridos. La primera debiera dejar de existir, ya que implica que sea el gobierno y no la sociedad civil quien descubre en lo que hay que innovar, algo típicamente propio del pensamiento comunista que nunca ha dado lugar a invenciones de éxito. La innovación es imposible planificarla, depende de la intuición y el talento empresarial que descubre oportunidades donde los demás no han visto nada, y se lleva a cabo con la prueba y el error −típico de los descubrimientos científicos− que acaban decidiendo los mercados libres. Los recursos públicos pueden ser compañeros de viaje de estas inversiones y gastos empresariales, para hacerlos más llevaderos, mediante criterios de aplicación claros y seguros. Sin embargo, los gobiernos −tanto del PSOE como del PP− han venido operando en la dirección opuesta: siendo relativamente generosos con sus programas gubernamentales cuya adjudicación se resuelve al gusto político y, por tanto, termina beneficiando al «capitalismo de amiguetes», mientras que sus resultados son nulos o mediocres, y cuestionando las subvenciones a fiscales a la I+D. En este caso, despojándolas de seguridad jurídica, ya que su concesión depende del afán recaudatorio de los inspectores de hacienda, que está reñido con la utilidad de la innovación. Como en España Hacienda es el cuarto poder del Estado, y como tal funciona autónomamente, al margen de los otros tres –legislativo, ejecutivo y judicial–, las discrepancias políticas sobre la aplicabilidad de estas subvenciones siempre se resuelven en contra del Ministerio de Industria que suele ser favorable a la innovación y a favor del de Hacienda.

El nivel de endeudamiento de nuestra economía es enorme, y seguramente imposible de amortizar –con las graves consecuencias que ello implicaría–, y ya está amenazado por nuevos aumentos derivados del creciente déficit de las pensiones. Siendo imprescindible revisar el gasto público, nada más razonable que comenzar por las subvenciones.

Capítulo 10

EL CAPITAL SOCIAL MORAL

«El *capital social* engloba las aportaciones que los socios de una empresa entregan y por las que obtienen una parte de la propiedad de la misma». Tal es la definición, en el ámbito empresarial, de un concepto, que extendido a la entera sociedad civil, podría describirse como el conjunto de valores morales que los miembros de una colectividad aportan y comparten mayoritariamente y, por tanto, sustentan su comportamiento social.

La prestigiosa catedrática Deirdre McCloskey, de la Universidad de Chicago, enumeró en su ensayo *The Bourgeois Virtues* el siguiente listado:

— *Sabiduría y conocimiento*: Creatividad, curiosidad, mente abierta, perspectiva.
— *Coraje*: Bravura, persistencia, integridad, vitalidad.
— *Humanidad*: Afecto, bondad, inteligencia social.
— *Justicia*: Ciudadanía, equidad, liderazgo.
— *Templanza*: Perdón-misericordia, humildad-modestia, prudencia, autocontrol.

— *Trascendencia*: Apreciación (belleza, excelencia), gratitud, esperanza, humor, espiritualidad.

Es obviamente intuitivo, y está demostrado en innumerables estudios al respecto, que el cultivo de dichas virtudes —es decir, el capital social moral— por las sociedades a lo largo de la historia es determinante de su prosperidad económica y social. Las sociedades más y mejor desarrolladas son las menos corrompidas moralmente, y las más pobres, las que menos y peor cultivan las citadas virtudes.

Innumerables ensayos académicos han puesto de manifiesto que el capital moral de los países de la órbita cristiano-occidental ha venido siendo determinante de su enorme progreso económico y social a lo largo de la Historia. Los valores morales occidentales engendraron instituciones tales como la igualdad ante la ley, que todos seamos sujetos de dignidad, y que podamos decidir sobre nuestra vida y nuestras propiedades.

El capital social es «el más básico y fundamental determinante del comportamiento económico a largo plazo de un país», según Hall, R.E. & Jones, Ch.I. en «Why do some countries produce so much more output per worker than odthers?».

Las instituciones son decisivas para explicar el progreso de las naciones y se dividen en tres campos: las reglas de la costumbre (opinión pública), las de la moral (conciencia de las personas) y las del derecho (poder del Estado) basado —como es el ejemplar caso del derecho civil romano– a su vez, en las buenas prácticas sociales consuetudinarias consolidadas a lo largo de la historia.

En última instancia, sabemos que la prosperidad depende muchísimo más de las nuevas ideas que de disponer de más capital económico, y que para que las innovaciones recién ideadas puedan progresar hacen falta tres cosas: que estén libres de obstáculos gubernamentales, que haya inversores propicios al riesgo, y que la sociedad esté abierta a «lo nuevo». El capital moral es, por tanto, el factor determinante de la innovación que, a su vez, siempre ha sido el motor del progreso de la humanidad.

Capítulo 11

EXPRESIONES
DE LA SOCIEDAD CIVIL

«A partir de la materia prima de los afectos humanos construimos asociaciones duraderas, con sus reglas, cargos, ceremonias y jerarquías que dotan a nuestras actividades de un valor intrínseco. Colegios, iglesias, bibliotecas, coros, orquestas, bandas, grupos de teatro, clubs de cricket, equipos de fútbol, torneos de ajedrez, la sociedad histórica, el instituto femenino, el museo, la partida de caza, la sociedad de pesca. Estas asociaciones son miradas con suspicacia por quienes están convencidos de que la sociedad civil debería ser dirigida por quienes saben más. Cuando el Partido Comunista tomó el poder en Europa, su primera tarea consistió en destruir las asociaciones civiles». Tal es la descripción de la sociedad civil que nos hace Roger Scruton en *Cómo ser conservador.*

Integrada la sociedad civil por las asociaciones libres y voluntarias que puedan constituirse para los más diversos fines en el amplio espacio que existe entre la familia y el Estado, no todas merecen el mismo respeto y consideración.

Deben merecer mayor respeto aquellas que:

— Sean *voluntarias,* tanto para formar parte de ellas como para dejar de ser miembros.
— *Carecen de ánimo de lucro.*
— Son socialmente *representativas,* no un mero club de unos pocos y circunstanciales amigos.
— Se *autofinancian* con aportaciones económicas y materiales libres y voluntarias de sus asociados, sin compromisos de permanencia.
— Se organizan con *criterios democráticos* basados en estatutos respetuosos de las leyes y votados por sus miembros.
— Persiguen *fines explícitos*: misión, visión y valores de público conocimiento.
— Actúan con total *transparencia* hacia la sociedad.
— *Respetan las leyes* y se someten a ellas.

La consideración social y política de la proyección pública de las organizaciones sociales, debe ser francamente positiva con aquellas que:

— *Defienden intereses generales*: sus planteamientos y sus logros benefician a la sociedad toda, es de decir, incluso a los que no son miembros.
— *Actúan con integridad moral*: piensan con libertad intelectual, dicen lo que piensan y hacen lo que dicen.

Si se observan de cerca, una gran parte de organizaciones –autoproclamadas– de la sociedad civil no responden a los criterios de legitimidad expuestos. Muchas de ellas –quizás la mayoría– apenas si tienen miembros voluntarios, no se financian con sus propios recursos, dependen de subvenciones públicas o privadas asignadas con criterios políticos, no tienen comportamientos democráticos, sus fines ni son explícitos ni muchas veces explicitables, actúan sin transparencia y, en ciertos casos, –Cataluña– no respetan las leyes.

Entre las asociaciones de la sociedad civil más operativas y de mayor éxito en la persecución de sus fines –no siempre explícitos– están los lobbies, que en las sociedades abiertas merced a su «acción colectiva» suelen conseguir muy importantes beneficios para sus miembros a costa del resto de la sociedad. Olson elaboró dicha teoría en su libro antes citado, en el que comparaba los beneficios concentrados de ciertos grupos de interés frente a sus difusos costes. Olson descubrió que los elevados beneficios que un grupo puede obtener generan muy altos incentivos para la consecución de sus fines, mientras que el resto de la sociedad –la inmensa mayoría–, al pagar un difuso y pequeño coste –para satisfacer los intereses del grupo de presión– no está suficientemente incentivada para actuar en contra.

La teoría de Olson está cada vez más vigente por su gran capacidad explicativa de muchos y cada vez más frecuentes éxitos de la «acción colectiva»; que, en el mundo económico, han derivado cada vez más hacia el «capitalismo de amiguetes».

En el ámbito empresarial, otro científico social, el prestigioso economista William Baumol, en su ensayo *Perfect Markets and Easy Virtue,* describe el mundo empresarial en términos generalizables al amplio ámbito de la sociedad civil. Sostiene el autor que las funciones empresariales son de tres tipos: productivas, improductivas y destructivas.

— El *empresario productivo* es aquel que inicia nuevas actividades, crea empleo y, por tanto, riqueza dentro de un estricto marco legal y moral; en última instancia, el prototipo ideal sería el empresario innovador «shumpeteriano» arquetípico del capitalismo moderno.

— El *empresario improductivo*, o también especulativo, es aquel que, merced a las llamadas ingenierías contables, financieras y fiscales, las segregaciones y las fusiones, las absorciones y las compras de empresas, opera con el trabajo creativo de los más genuinos emprendedores para propiciar aumentos de los beneficios y del valor de las empresas en las bolsas, no basados necesariamente en la realidad.

— Los *empresarios destructivos* operan al margen de las leyes e incluyen desde los traficantes de armas y drogas hasta los depredadores de la naturaleza.

Por analogía, podríamos clasificar también a las organizaciones de la sociedad civil en equivalentes categorías:

— Las que *persiguen el bien común* dentro de un estricto respeto a las leyes,
— las que *persiguen fines propios* a costa de los demás, y
— las que *actúan al margen de las leyes.*

Establecidos los descritos mínimos y claros criterios de demarcación de las asociaciones civiles incuestionables, frente a las que se desvían de las prácticas que legitiman sus actuaciones, se pueden poner nombres y apellidos a las que cabe reivindicar por su quehacer histórico más o menos prolongado.

El cristianismo, al establecer muy tempranamente –desde el «a Dios lo que es de Dios y al César lo que es del César– su separación del Estado, marcó un hito que ha forjado la civilización occidental, la única que disfruta de sociedad civil. Para Gellner, «antes del milagro de la Sociedad Civil, las sociedades humanas vivían bajo sistemas coercitivos y supersticiosos (…) que más tarde reproducirían –hasta hoy– el islamismo y el marxismo como principales enemigos de la sociedad abierta».

Los sindicatos modernos, aun representando intereses «de clase», es decir, sólo de una parte de la sociedad, al poder representar amplias capas de la población fueron legítimas asociaciones civiles allá donde no confundieron sus intereses con programas políticos totalitarios, y sufragaron sus gastos con cuotas voluntarias... lo que cada vez ha sido menos frecuente; y hoy casi inexistente.

En el ámbito empresarial, las cámaras de comercio fueron genuinas asociaciones civiles organizadas en torno a vastos sectores −comercial, marítimo, industrial, agrícola... − y con origen en la Edad Media; pero curiosa y paradójicamente, conforme la democracia se fue extendiendo y con ella la dimensión del Estado, este fue compitiendo y ocupando el espacio de aquellas hasta absorberlas, con muy pocas excepciones.

No siendo España un ejemplo de proliferación y vitalidad de organizaciones de la sociedad civil, sí que disfrutamos de experiencias admirables, entre las que cabe señalar:

— El *Tribunal de las aguas de Valencia,* emanado de la sociedad civil y cuya legitimidad histórica y de ejercicio le ha conducido a ser −muy posiblemente− el más antiguo y, sobre todo, el único tribunal del mundo que nunca ha necesitado policías para hacer cumplir sus sentencias.

— La catedral de la *Sagrada Familia de Barcelona*, un templo que comenzó a erigirse en 1882 y todavía está lejos de estar terminado. Una fe religiosa inquebrantable junto con una genial visión arquitectónica, soportadas materialmente por la sociedad civil catalana siguen adelante en un empeño que el tiempo no hace desfallecer.

— El *Real Madrid* es otra extraordinaria experiencia de éxito de la sociedad civil española. Un club de futbol convertido en la primera entidad deportiva del mundo, merced al mesiánico empeño de un presidente –que le dio nombre a su estadio– que, en tiempos muy difíciles –la posguerra–, lideró un proyecto que, con renovado impulso, ha terminado alcanzando, hasta hoy, una dimensión única en el mundo.

— La *Asociación para el Progreso de la Dirección (APD)* es otro ejemplo empresarial, en este caso contemporáneo, de amplio éxito de la sociedad civil que ha acabado por desbordar nuestra propias fronteras para extenderse por otros continentes.

Podrían citarse muchas otras instituciones legítimamente representativas de la sociedad civil española, aunque quizás menos de las que debieran existir. Que España no haya sido durante largos periodos de tiempo una sociedad abierta y democrática «el terreno de juego de los deportes cívicos» – ha dificultado la proliferación de las asociaciones duraderas a las que se refiere Scruton, a lo que se ha unido la expansión sin límites del Estado, que ha competido con ellas confinándolas, cuando no absorbiéndolas, y, por tanto, subvirtiéndolas en su razón de ser.

Capítulo 12

DEBILIDADES DE LA SOCIEDAD CIVIL ESPAÑOLA

La pujante sociedad civil que descubriera Tocqueville hace casi dos siglos en América y la que siempre ha existido en muchos países de Europa apenas se ha dado nunca en España.

La política coercitiva del Estado, cuando no disfrutábamos de democracia, y la invasiva en los periodos democráticos como el actual, son las principales razones de la débil sociedad civil española. En España, la pertenencia y participación en cofradías, fraternidades, clubes, asociaciones, sindicatos, foros, grupos, círculos, casinos, pandillas, tertulias, ateneos, cenáculos, etc., con algunas excepciones, siempre ha sido muy reducida. Quizás se salvan parcialmente, además del fútbol, Cataluña y el País Vasco, que, habiendo desarrollado en tiempos pasados una economía industrial, engendraron de aquella muchas instituciones civiles que tardaron en darse en el resto de España.

Uno de los ejemplos más evidentes de la debilidad de la sociedad civil española se encuentra en el asociacionismo empresarial que, junto con el sindical, es de los más débiles del mundo. En España, el número de afiliados voluntarios a los sindicatos que pagan regularmente cuotas significativas son escasísimos, y las empresas que están libremente asociadas y pagan cuotas regulares por ello también son muy pocas.

Si examinamos el caso de las asociaciones empresariales, nos encontramos con tres tipos de organizaciones: las sectoriales, las territoriales y la cúpula nacional. Las asociaciones sectoriales, que vertebran la economía, tienen dificultades de funcionamiento por el escaso número de empresas asociadas en la mayoría de los casos, salvo en los sectores oligopolísticos y, como consecuencia, los modestos presupuestos y medios que manejan para cumplir sus legítimas funciones de representación de intereses. Un ejemplo puede ilustrar la debilidad de este tipo de asociaciones: casi ninguna en España –salvo en Cataluña– dispone de sede en propiedad, justamente lo contrario que en los países más avanzados.

Como la financiación por cuotas voluntarias –con la salvedad de las oligopolísticas– es muy baja, la mayoría de asociaciones prestan servicios que tratan de cobrar –¡muchas veces en competencia con el Estado!– con dificultades, por lo que terminan buscando, y a veces logrando subvenciones públicas para formación, internacionalización, I+D, etc.

El caso de las asociaciones empresariales territoriales es un tanto especial, al tratarse de organismos creados aquí artificiosamente en torno a los gobiernos autonómicos, con la salvedad de Cataluña. Su financiación ha venido siendo esencialmente pública y su funcionamiento, como es natural, ha estado alineado con la política regional.

La cúpula asociativa empresarial, CEOE, está integrada por las asociaciones sectoriales y territoriales y se financia a través de las cuotas que libremente quieren aportar sus miembros, además de aportaciones voluntarias de las grandes –también algunas medianas– empresas y subvenciones públicas. Por patrimonio y recursos debe ser la patronal más pobre entre los principales países de la UE, y la única que carece de sede propia, ya que la que tiene es una cesión del Estado.

Tratamiento aparte merecen las cámaras de comercio que, habiendo nacido en los albores de la economía moderna como genuinas representantes de la sociedad civil empresarial, terminaron derivando en España como meros apéndices del Estado. Con el establecimiento de cuotas obligatorias por parte del Estado –que el Ministerio de Hacienda garantizaba fuesen efectivas–, sus ingresos, además de cuantiosos por estar absolutamente generalizados, al no estar relacionados con la libre voluntad de las empresas que les daban la espalda

–por su inútil funcionalidad–, servían para financiar actividades mayormente alejadas de los intereses de las empresas. Puesto que la financiación provenía del Estado, la política terminó ocupando, al margen de los intereses de las empresas, los órganos de gobierno de las cámaras.

Tal absurdo estado de cosas fue desmontado por el Gobierno de Zapatero al convertir las cuotas obligatorias en voluntarias, con lo que los ingresos de las cámaras se derrumbaron: de pagar obligatoriamente todas las empresas se pasó a que casi ninguna pagara voluntariamente. Poco tiempo después, el Gobierno de Rajoy decidió reinventarse las cámaras que, sin financiación pública, estaban desapareciendo, para volverlas a pilotar públicamente, es decir, invadirlas políticamente, con el apelativo de Cámara de España.

En otros ámbitos de la sociedad civil, con la notable excepción de los colegios profesionales, muchos de ellos de obligada colegiación, buena parte de las asociaciones existentes, aun teniendo carácter civil, no siempre son independientes de los grandes grupos de interés económico, ni por tanto del Gobierno.

Dos excepciones muy positivas emergen como ejemplos del buen hacer de nuestra sociedad civil: la decana Asociación para el Progreso de la Dirección y los Círculos de Empresarios. En ambos casos se cumplen los requisitos de una muy amplia y voluntaria representación, independencia económica y, por tanto, política, que deben presidir las organizaciones civiles.

Los gobiernos democráticos que se han sucedido después de la Transición política de 1978, lejos de facilitar la vida de la sociedad civil, la han invadido, como se acaba de describir, o la han preterido. Las asociaciones voluntarias y libres raramente son bien vistas ni atendidas como merecerían por su representatividad, mientras que los grupos de interés y poder económico suelen gozar de las simpatías gubernamentales.

Después de todo lo dicho, es perentorio que los gobiernos dejen de financiar las organizaciones de la sociedad civil —sindicatos, asociaciones, cámaras, colegios, círculos, etc.— y, lejos de invadirlas políticamente, pasen a respetarlas en función de su legitimidad representativa.

En el ámbito más individual de los clubes, círculos, cofradías, foros, peñas, centros, agrupaciones, tertulias y asociaciones de personas físicas, apenas los deportivos asociados al fútbol alcanzan una representatividad verdaderamente considerable.

Además de la represión en tiempos políticamente autoritarios y la intromisión en los últimos tiempos democráticos en la mayoría de las asociaciones de la sociedad civil, los ciudadanos tienen también una gran responsabilidad individual y, consecuentemente, social. Las debilidades de nuestra sociedad civil no dejan de ser, en última instancia, una responsabilidad individual de los españoles

Capítulo 13

QUÉ HACER,
PARA DINAMIZAR NUESTRA
SOCIEDAD CIVIL

Después de todo lo visto, el punto de partida de la dinamización de la sociedad civil española es la toma de conciencia de la misma en los términos señalados por Tocqueville y Chesterton, que podrían describirse como la socialización de nuestras más diversas inquietudes con quienes mejor nos identifiquemos para desarrollarlas y, eventualmente, proyectarlas a los demás, incluidas las instituciones políticas que construyen las reglas de juego, y que determinan el marco institucional que vehicula las acciones sociales.

El eje vertebrador de las diversas manifestaciones orgánicas de la sociedad civil es el sentido de la responsabilidad personal –indelegable salvo en las formas serviles de la sociedad–, que trasciende y se eleva para junto con la de otros ciudadanos afines organizarse con el fin de evitar, en primer e insoslayable lugar, que el Estado invada las funciones que puede y debe llevar a cabo la sociedad civil por sí misma; aplicando así el *principio de subsidiaridad,* que delimita la sociedad civil de la servil. De este modo, los ciudadanos, en vez de quejarse genéricamente a posteriori al estilo italiano −«piove, porco governo»−, se interesarían y actuarían a priori para evitar las acciones gubernamentales que considerasen indebidas; y también para que llevasen a cabo sus iniciativas.

Para que pueda desarrollarse el potencial de acción de la sociedad civil, la educación cumple una función esencial: tanto la que se deriva de la familia como la que se recibe en la escuela. La educación recibida, intercalada con la propia personalidad de los ciudadanos, los inclina a comportarse a partir de dos direcciones opuestas: asumiendo y ejerciendo su propia responsabilidad individual o siguiendo el «camino de servidumbre» magistralmente descrito por Hayek en su ensayo homónimo. De este modo, se llega a la división de la sociedad en las dos categorías, que ponen de relieve el título de este ensayo: la civil y la servil.

El nivel moral, el consecuente capital social y la prosperidad económica y social de las sociedades a lo largo de la historia siempre ha estado del lado de las sociedades civiles, mientras que las serviles −con el comunismo a la cabeza− solo han cosechado −en ausencia de libertad− miserias morales, descapitalización social y pobreza.

En las democracias liberales sustentadas por el Estado de Derecho, la sociedad civil puede ejercer sus múltiples inquietudes, pero con crecientes limitaciones asociadas al crecimiento de la dimensión del Estado en su doble dimensión: regulatoria y económica. El relativo éxito político de la socialdemocracia durante la segunda mitad del pasado siglo dio lugar, junto con positivos logros, a dos resultados cada vez más negativos: un agotamiento del crecimiento económico por la excesivas cargas –regulatorias y fiscales– del Estado sobre la función empresarial y una creciente ocupación política de espacios propios de la sociedad civil. El caso sueco, anteriormente citado, es quizás el más relevante al respecto; tanto como ejemplo del fracaso cosechado por sus excesos socialdemócratas, como por las exitosas reformas liberales llevadas a cabo después.

Además del comportamiento de la sociedad debido a la educación, la historia convertida en tradición juega un importante papel: los países con más largas experiencias democráticas en libertad son más propicios a la proliferación de asociaciones ciudadanas y sus consecuentes manifestaciones organizadas de su sociedad civil. Los países con largas o frecuentes vacaciones de libertad política gobernados por autócratas difícilmente pueden anidar ni ver crecer asociaciones civiles.

El escaso protagonismo de la sociedad civil en España, además de deberse a las razones antes expuestas, se vio constreñido adicionalmente por la competencia desleal de organizaciones «para-civiles», comúnmente denominadas Organizaciones No Gubernamentales –las populares ONGs– que, financiadas con generoso dinero público, suelen ser el refugio de muchos aficionados a la política que, no habiendo hecho la deseada carrera en ella, se guarecen y regresan a ella por la puerta de atrás de las subvenciones para llevar a cabo finalidades cada vez más injustificadas, incomprensibles e incluso crecientemente disparatadas.

De los gobiernos social-comunistas españoles poco se puede esperar, ya que su credo político reivindica dogmáticamente la expansión de las instituciones públicas –por mucho que despilfarren los recursos– frente a las privadas, incluso si las pruebas a favor de su eficiencia son reiteradamente contundentes.

En todo caso, la deseable y posible dinamización y proliferación de las organizaciones de la sociedad civil, aquí y ahora, debiera formar parte de un nuevo gobierno mínimamente liberal si quiere ser coherente con los principios políticos que han venido configurando los países más avanzados, económica y socialmente.

He aquí un listado –no exhaustivo– de supuestos que harían florecer una sociedad civil organizada:

— Asunción individual de la responsabilidad de participar y compartir con el prójimo más próximo a nuestras inquietudes sociales, actividades articuladas mediante organizaciones como las descritas al principio del capítulo 11.

— Supresión progresiva de todo tipo de subvenciones públicas a ONGs.

— Aplicación a todas las cuotas de todas asociaciones antes citadas una significativa desgravación mínima del 20% en el IRPF con una escala creciente, en función del objeto social y alcanzando 80% en las declaradas de «utilidad pública».

— La declaración de «utilidad pública» se objetivará de acuerdo con la jurisprudencia del Tribunal Supremo, para evitar la negativa arbitrariedad administrativa en vigor.

— Las donaciones privadas a las asociaciones de utilidad pública serán objeto de desgravación fiscal.

— Registro público de asociaciones con acceso a su objeto social, junta directiva, número de afiliados y cuotas ingresadas.

Pero además de estas bases facilitadoras de la creación, desarrollo y florecimiento de la sociedad civil organizada, para que su proyección pueda afirmarse y llegar más lejos, es fundamental la colaboración de los gobiernos, lo que exige por parte de ellos un sentido de la responsabilidad del que, en diversos grados, han carecido hasta ahora; aceptando con naturalidad una interlocución con sus representantes y sus puntos de vista de interés público en función de su legítima representatividad.

Es el modelo que con tanto éxito histórico ha funcionado en EE.UU. desde tiempos de Tocqueville hasta hoy, donde el mecenazgo privado supera ampliamente el público.

Desde el punto de vista recaudatorio, las finanzas públicas saldrían beneficiadas, porque el coste de las deducciones fiscales de la sociedad civil sería inferior al del actual despilfarro de subvenciones. Y, desde el punto de vista de la libertad, se produciría un cambio copernicano: sería la sociedad la que elegiría los fines y los medios de las organizaciones de la sociedad civil, en vez del Gobierno de turno, siempre ofuscado en sus propios intereses clientelares.

EPÍLOGO

Todas las sociedades avanzadas del mundo enfrentan hoy el dilema del equilibrio entre libertad y control.

La política democrática está atacada por el virus del populismo, que magnifica el concepto de «voluntad popular» a fin de minimizar la estabilidad de los contratos sociales que dieron origen a los grandes sistemas constitucionales.

Las tecnologías de la información y su ramificación en todo tipo de redes sociales difuminan el papel de los medios de comunicación, y esquivan su capacidad de filtrar, contextualizar y razonar. La amenaza de la Inteligencia Artificial nos enfrenta a la posibilidad de diluir nuestro propio sentido de la realidad.

La filosofía relativista nos priva de cualquier posibilidad de establecer sistemas de valores y nos deja a merced de nuestros instintos más primarios, y nos aleja de nuestra capacidad para autorrespetarnos y defender unos principios que vayan más allá de nuestro provecho a corto plazo.

Los estados y todas sus terminales de información van acrecentando su capacidad de conocer a los ciudadanos y sus actividades, y lo mismo hacen las grandes corporaciones industriales o comerciales.

La sociedad del bienestar provee a esos mismos ciudadanos de una red cada vez más tupida de servicios, creando una dependencia cada vez más fuerte. Y los costes de esa red asistencial tienen que ser financiados a través de sistemas impositivos que necesariamente tienen que ser más eficientes y exigentes.

Frente a este sistema de tutela, el ciudadano se ve cada vez más indefenso.

Y también más infantilizado.

Muy lejos de los momentos iniciales del liberalismo, cuando un ciudadano informado podía hacerse una idea clara de su posición en el mundo y, por tanto, tenía herramientas para formarse un criterio sobre cómo ejercer su libertad, los ciudadanos hoy se encuentran en un mundo en el que la ciencia y la tecnología son incomprensibles, no existen alternativas socioeconómicas razonables, y la esfera pública se ha convertido en un corral de Monipodio, donde las argumentaciones han desaparecido para ser sustituidas por insultos, descalificaciones o propuestas basadas en las pasiones y nunca en la razón.

Incluso los países en los que nació la democracia se ven afectados por esta enfermedad.

Es por todo ello que la defensa de la sociedad civil se ha convertido en el único manual de resistencia posible.

La defensa de las instituciones, la educación de los ciudadanos para su autonomía personal, el cuestionamiento permanente del pensamiento único, la intolerancia a los métodos de control que nos venden como equivalente de seguridad y comodidad, la apelación constante a los derechos del individuo frente a las masas, y el posicionamiento irreductible en la defensa de la libertad, son el último bastión de la civilización occidental.

Orwell, Huxley, Ortega, Kafka y muchos otros intuyeron hace ahora un siglo la deriva que podían tomar nuestras sociedades.

Pero no todo está decidido. Las amenazas son evidentes. Las soluciones también.

Como dijo el poeta Dylan Thomas, no nos dejemos ir mansamente hacia la noche.

Antonio Cordón

BIBLIOGRAFÍA

Baumol, W. (1993). *Mercados perfectos y virtud natural.* Celeste ediciones.

Buchanan, James M. (1996). *Ética y progreso económico.* Ariel.

Burke, Edmund (2003). *Reflexiones sobre la Revolución en Francia.* Alianza.

de Cervantes, Miguel (2015). *Don Quijote.* Destino.

– (2016). *Trabajos de Persiles y Sigismunda.* Penguin Clásicos.

de la Cuétara, Juan Miguel (2019). *Límites del Estado.* Reus.

Ferguson, Adam (2010). *Ensayo sobre la historia de la sociedad civil.* Akal.

Fukuyama, Francis (1995). *Trust. The Social Virtue & the Creation of Prosperity.*

Gellner, Ernst (1994). *Conditions of Liberty. Civil Society and Its Rivals.* Allen Lane Penguin Press

Hall R.E. & Jones Ch.I. (1999). «*Why do some countries produce so much moe output per worker than others*», en *Quarterly Journal of Economics,* vol. 114, pp. 83-116.

HAYEK, Friedrich A. (1978). *Los fundamentos de la libertad*. Unión Editorial

— (2007) *Camino de servidumbre*. Unión Editorial.

— (2019). *Estudios sobre el abuso de la razón*. Unión Editorial.

HUEMER, Michael (2013). *The Problem of Political Authority. An Examinations of the Right to Coerce and the Duty to Obey*. Palogave.

MICKLETHWAIT, John & WOOLDRIDGE, Adrian (2104). *La cuarta revolución. La carrera global para reinventar el Estado*. Galaxia Gutenberg.

HUME, David (1977). *Tratado de la naturaleza humana*. Editora Nacional.

— (2006). *Investigación sobre los principios de la moral*. Alianza.

LOCKE, John (1990). *Concerning Civil Government, Second Essay*. Encyclopedia Britannica.

McCLOSKEY, Deirde (2006). *The Bourgeois Virtues*. The University of Chicago Press.

OLSON, Mancur (1974). *The Logic of Collective Action*. Harvard University Press.

SCRUTON, Roger (2018). *Como ser conservador*. Hommo Legens.

SEBASTIÁN, Miguel (2015). *La falsa bonanza. Como hemos llegado hasta aquí y como evitar que no se repita*. Península.

SPENCER, Herbert (2012). *El hombre contra el Estado*. Unión Editorial.

STUART Mill, John (1985). *Sobre la libertad*. Orbis.

TOCQUEVILLE, Alexis (1835). *La democracia en américa*. Alianza.